घोड़े का अंडा

(An office manual)

व्यंग्य उपन्यास

मुरली मनोहर श्रीवास्तव

समर्पण
ऑफिस में कार्यरत ईमानदार और परिश्रमी कर्मचारियों को
जो छल प्रपंच से दूर हैं

नोट – यह उपन्यास पूर्णतया एक फिक्शन वर्क है इसका किसी भी चरित्र या परिस्थिति से मेल खाना एक संयोग है

1. व्यंग्य में कल्पना के अंडों से निकले हुए दिमाग़ी घोड़े दौड़ाए जाते हैं। वे सूरज के सारथी तो हैं नहीं, जो ब्रह्मा जी ब्रह्माण्ड से निकलें, वे तथाकथित जनतंत्र के युगीन व्यंग्यकार के कल्पनांड से निकले दिमाग़ी घोड़े हैं।

2. इस बात पर बहुत बहस होती रही है कि पहले मुर्गी आई या अंडा, अब बहस होनी चाहिए कि पहले घोड़ा आया या अंडा।

3. प्रकृति का नियम है कि संसर्ग में सर्वप्रथम अंडे का निर्माण होता है वह माँ के गर्भ में शिशु रूप धरेगा या चिड़िया के घोंसले में पंछी बन उड़ेगा यह अलग प्रश्न है. यही तथ्य तो घोड़े की प्रजाति के साथ भी है इस संसर्ग में अंडे के निर्माण से ही तो कालांतर में घोड़ी किसी शिशु घोड़े या घोड़ी को जन्म देगी, इस बात को सभी आबाल-वृद्ध जानते हैं। अब आप बार-बार इसी एक बात पर बहस करें कि घोड़े का अंडा कहां गया, तो लोग आप पर हँसेंगे। आप मत मानिए पर होता है घोड़े का अंडा। सरकारी, अर्धसरकारी और असरकारी कॉर्पोरेट्स में जाकर वह कुछ और हो जाता है!

4. किसी भी ऐबी या वॉट्सऐपी व्यूह-समूह के हास्य का प्रभाव इस उपन्यास पर चिन्नी सा भी नहीं है। श्री मुरली मनोहर श्रीवास्तव एकदम मौलिक व्यंग्यकार हैं।

5. यह उपन्यास आपको ताज़ातरीन हँसी के झोंकों में झुमाएगा। इतना रोचक है कि आप इसे एक बैठक में समाप्त करके पुनः पढ़ने बैठ जाएंगे और उन पंक्तियों को रेखांकित करेंगे जहाँ आप खूब हँसे थे। ताकि किसी महफ़िल में दूसरों को हँसा सकें। मेरी विनम्र हिदायत है कि सुनाते समय मुरली बाबू का नाम अवश्य लीजिएगा।

6. अशोक चक्रधर

7. ASHOK@CHAKRADHAR.COM

8. 18-04-2025

दो शब्द

आप सभी ने विभिन्न पत्र पत्रिकाओं में नियमित लिखे गए मेरे व्यंग्य को पढ़ते हुये मुझे असीम आशीर्वाद प्रदान किया है। मैं आप सभी का सच्चे मन से आभारी हूँ। न्यूज पेपर के व्यंग्य कॉलम में शब्द सीमा रहती है नतीजा यह कि व्यंग्य को संक्षेप में कहना पड़ता है। आज कहीं भी, किसी भी ऑफिस में चले जायें, स्थिति यह है कि हर जगह छल प्रपंच छाया हुआ है, ऐसा लगता है कि ईमानदार व्यक्ति के लिए इस समाज में कहीं भी काम करने के लिए जगह ही नहीं है। इतना ही नहीं, धूर्तता का आलम यह है कि ईमानदार और परिश्रमी कर्मचारी पूरे साल मेहनत करते हैं और धूर्त ऑफिसर व कर्मचारी प्रपंच कर सारे लाभ पर डाका डाल देते हैं। हम लोगों को सब कुछ होते हुये दिखाई देता है लेकिन परिस्थितियाँ कुछ ऐसी रच दी जाती हैं कि आंखों से दिखाई देता सच, झूठ नजर आने लगता है और एक काल्पनिक झूठ किसी चमत्कार की तरह सच के समांतर खड़ा कर दिया जाता है। इस शॉर्ट टर्म काल्पनिक झूठ का सच बस इतना होता है कि वह सेन्सेशन पैदा कर मनचाहे लोगों को लाभ पहुंचा कर विलुप्त हो जाये। इस उपन्यास की पृष्ठभूमि यही शॉर्ट टर्म काल्पनिक झूठ है जो सम्पूर्ण कार्पोरेट जगत की हकीकत बन गया है। सटायर की दुनिया से चल कर व्यंग्य उपन्यास तक का सफर अनजाने ही मुझे गहरी संतुष्टि की अनुभूति प्रदान कर रहा है।

मैं इस उपन्यासा की भूमिका लिखने और इसे सुंदर बनाने में सहयोग प्रदान करने के लिए आदरणीय सुदर्शन खन्ना जी का आभारी हूँ। सादर

मुरली मनोहर श्रीवास्तव दिनांक : 12 अगस्त 2024

भूमिका

'घोड़े का अण्डा - एक ऑफिस मैन्युअल' - श्री मुरली मनोहर श्रीवास्तव द्वारा लिखा गया प्रभावशाली व्यंग्य है. इसका मुख्य उद्देश्य कार्यालयीन व्यवस्था के कड़वे सत्य को उजागर करना है. श्री मुरली मनोहर जी व्यंग्य विधा में पारंगत हैं और अनेक विषयों पर व्यंग्य रचनाओं का सृजन कर चुके हैं तथा यूट्यूब चैनल पर भी अपनी छाप छोड़ रहे हैं. जिस विस्तार से और जिस शैली में यह व्यंग्य लिखा गया है वह धाराप्रवाह है और ऐसा प्रतीत होता है जैसे सब कुछ हमारे समक्ष घटित हो रहा है. मुरली जी के लेखन की यह एक बहुत बड़ी विशेषता है.

श्री मुरली मनोहर श्रीवास्तव द्वारा लिखित 'घोड़े का अण्डा' व्यंग्य के प्रकाशन से पूर्व एक ड्राफ्ट पढ़ने का सौभाग्य मुझे प्राप्त हुआ. एक बार जो पढ़ना आरम्भ किया तो अंत तक पूर्ण करके ही छोड़ा. यह कहने में कोई अतिशयोक्ति नहीं है कि सम्पूर्ण पाठन के दौरान रुचि तो बनी ही रहती है साथ ही यह उत्सुकता भी बनी रहती है कि कब पटोले का क्या होगा या कब अमित का क्या होगा? बॉस की स्थिति क्या रहेगी? पटोले की विदेश यात्रा को लेकर बॉस और पटोले के बीच चुटीले संवाद हैं. दोनों के अलग-अलग चरित्र हैं. बॉस अपनी जगह सही हैं क्योंकि बॉस तो बॉस ही होता है.

यदि किसी कार्यालय में, चाहे वह सरकारी हो अथवा गैर-सरकारी, वहां जिन लोगों को काम पड़ता है उन्हें अनेक मुश्किलों का सामना करना पड़ता है. कोई भी काम कराना

आसान नहीं होता. 'मनी मेक्स द मेयर गो'. पर इन सब बातों से इतर कार्यालयों के अंदर भी एक ऐसा तंत्र है जिसकी लीक से हटकर कार्यविधि है जो आम लोगों को कम ही मालूम है. बॉस के मातहत काम करने वाले कर्मचारियों को, विशेषकर ईमानदार कर्मचारियों को अनेक ऐसी परिस्थितयों से गुजरना पड़ता है जहाँ वे स्वयं को दोराहे पर खड़े नज़र आते हैं. या तो न चाहते हुए भी बॉस का गलत आदेश मानें या त्यागपत्र दे दें. अनेक परिस्थितियों में सीआर के बिगड़ने का डर बना रहता है.

इन्हीं कुछ परिस्थितियों को 'घोड़े का अण्डा' नामक व्यंग्य में ढालते हुए मुरली जी के लेखन ने जहाँ हास्यास्पद स्थिति पैदा की है वहीं गंभीरता का पुट भी है. ऑफिस में बॉस के अतिरिक्त हर तरह के कर्मचारी होते हैं. बॉस, पटोले, अमित और अन्य कर्मचारियों के बीच घूमता यह व्यंग्य एक स्थान पर यह विश्वास दिलाने में सफल हो जाता है कि घोड़े का अण्डा वास्तव में होता है. यही तो मुरली जी के लेखन की खूबी है. बॉस के मातहत काम करने वाले लोग इसे बखूबी समझ सकते हैं. वरिष्ठ और कनिष्ठ के अंतर को बखूबी समझाता है यह व्यंग्य. ऑफिस का सिस्टम भी एक तरह से ओलिंपिक की दौड़ है. फर्क इतना है कि इस दौड़ में हमेशा बॉस को जीतने दिया जाता है चाहे पीछे आने वाले उनसे आगे निकलने में सक्षम क्यों न हों. कहने का अर्थ है कि पदक्रम को सम्मान दिया जाता है. मुश्किल अमित जैसे विवेकपूर्ण कर्मचारियों के लिए होती है जो अंततः नौकरी में बने रहने के लिए विवेक को छोड़ कर ऑफिस आते हैं. माननीय अटल बिहारी वाजपेयी जी ने भी एक बार क्षुब्ध

होकर एक प्रसिद्ध हिंदी दैनिक में लेख लिखा था 'शम्बूक का वध' जिसमें उन्होंने तत्कालीन बड़े-बड़े दिग्गजों पर टिप्पणी करते हुए लिखा था कि किस प्रकार से तप की अवमानना और चमचागिरी का आदर हो रहा है.

भारत के गुलाम होने से पूर्व भ्रष्टाचार का शायद ही कोई उदाहरण मिलता हो. हाँ, लालच और ठगी के उदाहरण अवश्य हैं. पंडित विष्णु शर्मा द्वारा रचित विश्व-प्रसिद्ध 'पंचतन्त्र की कहानियाँ' लगभग हम सभी ने पढ़ी हैं. एक प्रसंग आता है जिसके अनुसार जंगल में एक बार लोमड़ियों का दल बेतहाशा भागा जा रहा होता है और सभी पशुओं को जंगल छोड़कर भागने के लिए चेतावनी देता जा रहा होता है. पशु सकते में आ जाते हैं और ऐसा करने का कारण पूछते हैं तो एक लोमड़ी भागते-भागते बताती है कि जंगल में सरकारी कर्मचारी आवारा ऊंटों को पकड़ कर ले जा रहे हैं. पशुओं को हैरानी होती है कि जिस लोमड़ी को चतुर और धूर्त माना जाता है वह ऐसी बातें क्यों कर रही है? वे उससे कहते हैं कि हम तो आवारा ऊंट नहीं हैं, हमें किस बात का डर? तब लोमड़ी कहती है कि सरकारी कर्मचारियों को इस बात का कोई ज्ञान नहीं है क्योंकि उनके लिए सभी पशु आवारा ऊंट हैं. जब कोई भी पशु ऊंट हो सकता है तब घोड़ा अण्डा क्यों नहीं दे सकता?

मेरा विश्वास है कि बहुत ही रोचक तरीके से लिखा गया 'घोड़े का अण्डा' व्यंग्य पाठकों को आकर्षित करने में सफल रहेगा. 'घोड़े का अण्डा' में पटोले की विदेश यात्रा का प्रसंग मौका परस्ती का एक शानदार उदाहरण है और

ऐसा कि सांप भी मर जाए और लाठी भी न टूटे. यह भी तो एक प्रकार का गबन है यानी कि गबन करने के नए-नए तरीके खोजे जा रहे हैं

जिस मनुष्य को जिस भी दिशा में लगता है कि मान और सम्मान मिलेगा वह उसी दिशा में भागा जा रहा है. मान सम्मान से अधिक यह चक्कर अभिमान का है। इतिहास गवाह है कि बड़े-

बड़े महानुभावों ने भी मिथ्याभिमान के चक्कर में क्या क्या कर डाला। जब किसी विद्वान की, किसी बुद्धिमान की, किसी शैतान की और किसी बेईमान की मृत्यु हो जाती है तो जब जलकर राख होता है तो मान सम्मान अभिमान सब कुछ जल जाता है। शमशान में शैतान जले या विद्वान जले या बेईमान जले राख तो उसने होना ही है। शमशान में कोई दंगल नहीं होता कि मैं बड़ा और तू छोटा। सब मिट्टी हो जाते हैं। 'घोड़े का अण्डा' भी ऑफिस का एक दंगल है जिसे पढ़ने और समझने का आनंद ही अलग है. अक्सर व्यंग्य लिखने के पीछे एक उद्देश्य होता है कि समाज में परिवर्तन लाया जा सके. इसके पीछे के उद्देश्य में पूर्ण प्रासंगिकता बनी हुई है. यही इसका महत्त्व भी है. मुरली जी अपने उद्देश्य में पूर्ण सफल हुए है. बहरहाल, आप 'घोड़े का अण्डा' को मनोयोग से पढ़िए चाहे इसके लिए आपको एकांत में ही क्यों न जाना पड़े.   इस साहसपूर्ण व्यंग्य के लिए मुरली जी को बधाई और शुभकामनाएं.

सुदर्शन खन्ना
प्रसिद्ध साहित्यकार

घोड़े का अंडा

पटोले के आफिस में घुसते ही अमित बोला "सर बॉस बहुत गुस्से में हैं और आपको याद कर रहे हैं."

"आखिर बात क्या हुई है, कुछ बताओगे भी या सीधे सूली पर लटकाने का इरादा है" पटोले ने कहा ।

"सर अब क्या बतायें सुबह सुबह ही बास का फोन आया था, घोड़े के अंडे के लिये."

"फिर", पटोले ने पूछा ।

फिर क्या ? मैंने कह दिया "घोड़े का अंडा नहीं होता" अमित बडी मासूमियत से बोला.

पटोले बाल नोंचने की हालत में आ गया बोला – "क्या यार तुम लोग घंटा दो घंटा भी ऑफिस नहीं सम्हाल सकते, तुम्हें कैसे मालूम कि घोड़े का अंडा नहीं होता और कुछ नहीं तो मेरे आने तक बात को टाल सकते थे, कह देते सर, अभी पटोले साहब आते हैं तो पूछ कर बताता हूँ तुम मेरी नौकरी खा कर ही मानोगे."

इतना सुनते ही अमित सिटपिटा गया – "सर मैंने गलत क्या कहा , घोड़े का अंडा कहाँ होता है?आपने कहीं सुना है घोड़े के अंडे के बारे में."

इतना सुनना था कि पटोले बोला ,

"यही तो ऐक्सपीयरेन्स कहलाता है जो उम्र बीतने के साथ आता है. अगर सब कुछ तुम नये लड़कों से सम्हलता तो ,

कम्पनी कब का हमें लात मार कर बाहर निकाल देती. अच्छा सुनो, अब अपनी जुबान बंद रखना! मैं सब सम्हाल लूंगा . किसी और को तो यह नहीं बताया कि घोड़े का अंडा नहीं होता ."

"नहीं सर", अमित ने खुद को संभालते हुये कहा, उसे अपनी गलती का एहसास हो चुका था।

"गुड, अच्छा किया वर्ना डिपार्टमेंट की बदनामी होते देर नहीं लगती." पटोले ने थोड़ा आश्वस्त होते हुये कहा।

"क्या सर! आप भी कमाल करते हैं, जब घोड़े का अंडा होता ही नहीं तो बदनामी काहे की, अरे क्या तब बदनामी नहीं होगी, जब सबको पता लगेगा कि साहब घोड़े का अंडा मंगा रहे हैं और आप लेने गये हैं" अमित ने कहा।

अमित की यह बात सुनते ही पटोले आगबबूला होता हुआ बोला "तुमसे तो मैं बाद में निपट लूंगा, पहले जरा साहब से निपट लूँ।"

 पटोले लगभग दौडता हुआ सा , साहब के केबिन की ओर चल दिया. वह तो सीधा ही भीतर घुस जाता कि पी ए पर नजर पड़ गयी. पटोले की हालत देख साहब का पी ए मुस्कुरा दिया, सुबह से शाम तक लोगों की ऐसी हालत से दो- चार होना उसकी आदत में शामिल था. फिर चुटकी लेता हुआ बोला "क्या हुआ पटोले साहब , सब खैरियत तो है."

पटोले को अभी किसी और की बात सुनने की फुर्सत नहीं थी वह सीरियसली बोला – "साहब फ्री हैं क्या ?"

पी ए बोला - "साहब फ्री कहाँ रहते हैं, हाँ आप कहते हैं तो देख लेता हूँ."

पी ए ने अपनी अहमियत दिखाते हुये दो मिनट पटोले को

प्रतीक्षा कराई और बोला "जाईये आपकी ही बाट देख रहे हैं ."

इतना सुनते ही पी ए की टोन से पटोले के सामने आगे का सीन साफ हो गया.

उसने चेहरे पर नकली मुस्कुराहट ओढी और केबिन का दरवाजा ठेलता हुआ बोला "मे आई कम इन सर."

साहब ने सिर उठाया, अर्थ यह कि अब भीतर आ जाओ .

पटोले – "सर याद किया!"

"हूँ"

सर प्लीज!

"वो तुम्हारा असिस्टेंट क्या कह रहा था, घोड़े का अंडा नहीं होता! यही ट्रेनिंग दे रहे हो उसे, ऐसे बन्दे ट्रेंड करोगे तो कंपनी डुबा दोगे" साहब ने कहा ।

"सर अभी नया है, उसे समझ नहीं है" पटोले संभालता हुआ बोला ।

"हूँ, समझ नहीं है वह तो ठीक है, पर उसे इतना तो पता होना चाहिये कि सीनियर से बात कैसे करते हैं,ही इज हाईली इंडिस्प्लिंड परसन .

"सर प्लीज" पटोले ने कहा

"चलो उसे तो प्रोबेशन क्लीयर करते समय देखेंगे, हाँ तुम्हें इसलिये बुलाया है कि "घोड़े का अंडा" चाहिये इंतजाम करो और देखो काम जल्दी होना चाहिये" साहब ने गंभीरता से कहा ।

पटोले सिर खुजाते हुये बोला "सर टाईम तो लगेगा पर, आई विल ट्राई माई बेस्ट. टेंडर देना होगा, स्पेसिफिकेशन बनानी पड़ेगी और दूसरे लोगों से भी पूछना पड़ेगा यह, आई मीन

घोड़े का अंडा और कहीं प्रिक्योर हुआ है क्या? वैसे स्टोर में पहले से ही बोल कर रखते हैं कि उसे सेफ रखने के लिये मेथड वगैरह की स्टडी कर ले और सर मेंटिनेंस वालों को भी बोल दीजियेगा कि सेफ हैंडलिंग और आफ्टर पर्चेज सर्विसिंग के बारे में तैयारी कर लें! बाद में पिछली बार के ऐंटीक पीस डिलवरी वाले हैंडलिंग की तरह लफड़ा नहीं होना चाहिये.”

“हूँ” साहब के माथे पर बल पड गये “बाई द वे, वह ऐंटीक पीस डिलीवरी की हैंडलिंग का क्या किस्सा है.” साहब की जिज्ञासा बढ़ गई।

साहब के इतना पूछते ही पटोले की बांछें खिल गईं, उसे पता था कि अब वह अपनी लफ़्फाजी के बल पर साहब को पूरे इंप्रेशन में ले लेगा।

वह बोला “ओह सर! मैं तो आपको बताना भूल ही गया था , यह आपसे पहले वाले बॉस के जमाने की बात है, अरे वही मेहता जी, उस एंटीक पीस हैंडलिंग पर तो पार्लियामेंट क्वेश्चन आया था, वह तो मेरा दिमाग था कि मामला सम्हल गया वरना –”

इस वरना में इतना कुछ छुपा था कि साहब नरम होते हुये बोले “पटोले जरा उस केस की डिटेल बताओ.”

पटोले समझ गया था कि तीर निशाने पर चल चुका है. बड़ी मक्कारी से बोला “सर छोड़िये फिर कभी बता दूंगा! पूरी फाईल निकालनी पड़ेगी, बड़ी लंबी कहानी है.”

“ठीक है, पर ध्यान रखना तुम यहाँ काफी सीनियर और इंटेलिजेंट पर्सन हो, काम भूलना मत और मुझे उस केस की पूरी डिटेल चाहिए” साहब ने बैलेंस करते हुये कहा।

"हें हें सर, यह तो आप लोगों की मेहरबानी है वरना इस नाचीज की क्या औकात है." इतना कह कर जब पटोले मुस्कुराता हुआ बाहर निकला तो पी ए ने स्माईल फेंकी! बोला – "क्या सर, इसे भी शीशे में उतार दिया."

पटोले बिना जवाब दिये वहाँ से बाहर निकल गया, वह छोटे आदमियों के मुंह लगने में भलाई नहीं समझता था । हाँ साहब का पी ए होने के कारण उससे बिगाड़ता भी नहीं था.

इधर पटोले गया, उधर साहब ने टोटल स्टाफ की इमरजेंसी मीटिंग काल कर दी. सभी टॉप ऑफिशियल्स को संबोधित करते हुये साहब ने कहना शुरू किया "सुनो, हमारी संस्था में "घोड़े का अंडा" आ रहा है और सभी डिपार्टमेंट के हेड्स को मैं पहले ही बता रहा हूँ, इस काम में कोई गड़बड़ नहीं होंनी चाहिये. इसे कहाँ रखना है, कौन इसे उठायेगा, कौन देखभाल करेगा सब पहले से डिसाईड कर लो, फायनान्स और एच आर को पहले बता दूँ, इस प्रोजेक्ट के खर्चे और टूर में टांग अड़ाने की जरूरत नहीं है.

इतना सुनते ही फायनान्स और एच आर के सिर झुक गए थे , अर्थ यह कि बात समझ में आ गयी थी कि घोड़े के अंडे वाले प्रोजेक्ट में टांग अड़ाने वाला नप जायेगा.

तभी किसी ने पूछा "सर अंडा कब आ रहा है."

" हूँ , दिस इज ए वेरी सिली ऐड नानसेंस क्वेश्चन. यू नो, पटोले को बोल दिया है तो समझ लो अंडा कभी भी आ सकता है, पटोले का रिकॉर्ड रहा है कि वह आज तक किसी भी प्रोजेक्ट में फेल नहीं हुआ है. ऐड दैट्स आल, नो मोर क्वेश्चन्स नाउ." साहब ने थोड़ा गुस्सा दिखाते हुये कहा ।

हाँ, यह सुन कर कि मीटिंग में उसकी तारीफ हुई है, पटोले

का सीना थोड़ा फूल गया, लेकिन इसके बाद उसका दिमाग भी घूम गया था घोड़े के अंडे के बारे में सोच कर। हाँ इसके बाद सभी सिर झुकाए हुए मीटिंग से बाहर निकल गये . सभी गहरी सांस ले कर कह रहे थे प टो ले --------- अबे पटोले --- साला एक नंबर का हवाबाज़। हर तरफ बस यही खुसर पुसर चल रही थी लेकिन खुल कर बोलने की हिम्मत किसी की नहीं थी।

एक सीनियर ने गहरी सांस ली और बोला " प टो ले एक नंबर का हरामी है, "पटोले" , अब समझ में आया कि घोड़े का अंडा आया कहाँ से, यह सब उसी खुराफाती के दिमाग की उपज है."

दूसरा बोला – "यार बड़ा ही गुरू आदमी है पटोले, काम उसका है और उसने अपने साथ हम सबको भी लपेट लिया."

"यह तो ठीक है कि उसने नये प्राजेक्ट का बीज बो दिया मगर हकीकत यह है कि, घोड़े का अंडा मिलेगा नहीं और नौकरी हमारी जायेगी" एच आर वाला तड़पता हुआ बोला . फिर बड़बड़ाया "यह डिपार्टमेन्ट है ही ऐसा कि जिसे देखो वह हमें बुला कर असंभव काम टिका देता है, आइडिया पटोले का और फंसे हम ।"

तभी फायनेंस वाला बोला "तुम देखना पटोले घोड़े का अंडा ला कर प्रमोशन भी ले जायेगा, मैं उसे अच्छी तरह जानता हूँ , सारा काम मैं करूंगा और क्रेडिट वह ले जायेगा."

उसकी बात पर एक जोर का ठहाका लगा, "यार तुम बेवजह टेंशन में हो, प्रीक्योर तो मुझे कराना पड़ेगा" मैटीरियल मैनेजमेंट वाले ने कहा.

तभी किसी ने कहा "गुरू, जरा पटोले की हालत भी सोचो

जिसे घोड़े के अंडे का जुगाड़ करना है. क्या पता आइडिया ऊपर से आया हो और वह बिजनेस एक्सिलेन्स में होने के कारण फंस गया हो, बड़े दिनों से बिना काम के भटक रहा था। तभी किसी ने कहा "चलो उसी के डिपार्टमेंट में चल कर देखते हैं कि क्या चल रहा है."

पटोले के ऑफिस की हालत बड़ी संगीन थी, पटोले अमित को सामने बैठा कर समझा रहा था और अमित बड़े ध्यान से समझने की कोशिश कर रहा था।

पटोले – "तुम कैसे कह सकते हो कि घोड़े अंडा नहीं देते."

अमित - "सर मैंने बचपन से पढा और देखा है कि, घोड़े बछडा देते हैं पर उन्हें आज तक मैंने अंडा देते न देखा और न ही सुना है, मेरे ननिहाल में तो कई घोड़े पले थे, मैं तो इस विषय में अपने नाना जी से बात भी कर चुका हूँ उन्होंने कंफर्म किया है कि घोड़े बछड़ा देते हैं, अंडा नहीं."

पटोले – "तो क्या इतना बड़ा साहब झूठ बोल रहा है,अरे उसने घोड़े का अंडा मांगा है जरूर कुछ न कुछ घोड़े होंगे जो अंडा देते होंगे ."

"सर विश्वास मानिये, घोड़े अंडा नहीं देते." अमित ने बड़े कोन्फ़िडेंस से कहा ।

पटोले गरम होते हुए बोला – "चलो ठीक है, मैं तुम्हारी बात पर विश्वास कर लेता हूँ, तुम सर्टिफिकेट ले कर आओ कि घोड़ा अंडा नहीं देता ."

अमित बड़ी मासूमियत से बोला - "पर सर ऐसा सर्टिफिकेट मिलेगा कहाँ ?"

पटोले बोला –"दैट्स योर प्राब्लम, यह बात तुमने कही है कि घोड़ा अंडा नहीं देता."

"यकीन मानिए सर, यह सच है कि घोड़ा अंडा नहीं देता." अमित ने रुआँसे हो कर कहा ।

" देखो मिस्टर अमित, सच वह होता है जो प्रूव किया जा सके, तुम कैसे प्रूव करोगे कि घोड़ा अंडा नहीं देता. बिना डाक्यूमेंट्री ऐविडेंस के कोई नहीं मानेगा कि घोड़े अंडा नहीं देते. यह प्रूव किया जा सकता है कि घोड़ा बछड़ा देता है, पर यह लिख कर कोई नहीं देगा कि घोड़ा अंडा नहीं देता है. ऐंड दैट इज द प्राब्लम माई ब्वाय और लाइफ में कब कौन सी प्राब्लम कैसे आएगी, किस रूप में आयेगी, यह कोई नहीं जानता। हाँ उस प्रॉब्लम से निपटना ही एक्सपीरियेंस कहलाता है" पटोले ने सिगरेट सुलगा कर बड़े ही रिलैक्स्ड भाव से एक जोर का कश लेते हुये कहा जैसे उसकी निगाह में यह कोई प्रॉब्लम न हो कर एक अवसर हो ।

बाहर खड़े लोग यह सब देख कर पटोले का लोहा मान गये .

वे बोले " यू आर ग्रेट पटोले, यू आर ग्रेट. सी यू आफ्टर लंच "

पटोले यह सब बड़ी बारीकी से देख समझ रहा था, उसे उन लोगों के आने का पता चल गया था, फिर सबके जाते ही पटोले ने अमित से कहा 'देखो अमित, किसी भी प्रॉब्लम को साल्व करने का पहला तरीका है समस्या को अपने कंधे से उतार कर दूसरे के कंधे पर डाल देना और इसे अमित ने अपने ढंग से नोट किया "प्राब्लम होती नहीं, पैदा की जाती है."

इसके बाद पटोले सीरियसली घोड़े का अंडा लाने में जुट गया .उसे पूरा भरोसा था कि घोड़े का अंडा होता है और वह भी

इसलिये क्योंकि साहब ने कहा है. उसने अपनी नौकरी में एक ही चीज सीखी थी कि साहब की कही हुई बात ब्रह्म वाक्य है और यही उसकी सफलता का राज भी था. कितने साहब आये और गये, पर पटोले की विश्वसनीयता बरकरार थी, इस ऑफिस में कोई भी ऐसा साहब नहीं आया जिसकी गाडी पटोले के बिना खिसकी हो.

उसके विरोधी उससे बहुत जलते थे पर काम में उसका लोहा मानते थे. बाहर चाहे कुछ भी कहें पर भीतर ही भीतर पटोले की कार्यशैली का सम्मान करते थे, इतना ही नहीं जब किसी को कोई रास्ता नहीं सूझता तो वह पटोले की शरण में पहुंच जाता और पटोले बड़ी बड़ी समस्याओं का हल चुटकी बजाते निकाल देता. मजाल है कि बड़ी से बड़ी क्वैरी में कभी उसके बताये जवाब पर आंच आई हो. आर टी आई तो ऐसे निपटाता कि पूछने वाला पूरक प्रश्न भी नहीं पूछ पाता था. जवाब इतना लच्छेदार कि बड़ी से बड़ी जांच करा लो, कहीं कुछ नहीं मिलेगा. पूरी फाईल पढ़ कर देख लीजिये काम होता हुआ दिखाई देगा, पर निचोड यह कि कौन सा काम कब हुआ और कैसे, इसे समझनें में नानी याद आ जायेगी. काम उसके इशारे पर चलता था, वह कभी काम के हिसाब से नहीं चला. हाँ, उसे बस यह पता होना चाहिये कि साहब चाहते क्या हैं, वह बड़े लोगों के मनोभाव कुछ ऐसे पढ़ता कि उनकी वाइफ़ क्या पढेगी. हालत यह कि जिस फाईल को साहब ने पूछ लिया, वह आसमान से टपक पड़ेगी और जिस पर साहब की भृकुटी तन गयी, वह गयी तेल लेने वह फ़ाइल आप ढूँढते रहिये, पता ही नहीं चलेगा कि केस कभी तैयार हुआ भी था या नहीं.

लंच के बाद पटोले ने चाय की चुस्की ली, अब उसका टेंशन कम था, वैसे भी शाम होते होते उसके ज्ञान चक्षु खुल जाते थे, शाम पांच बजे के बाद वह काम में पूरा मुस्तैद हो जाता था उसका मानना था, असली दिमाग भीड़ छंटने के बाद ही चलता है, जब कोई डिस्टर्ब करने वाला न हो.

उसने अमित को बुलाया.

अमित "सर बुलाया आपने"

पटोले – "अमित, वो घोड़े के अंडे वाली फाईल का क्या हुआ?"

अमित – "घोड़े के अंडे वाली फाईल ? मैं समझा नहीं सर. "

पटोले – "आज सुबह ही तो डिसकस कर रहे थे, इसमें न समझने की कौन सी बात है."

अमित – "सर!, मैंने बताया तो था कि घोड़े का अंडा नहीं होता."

पटोले – "दैट्स योर कांसेप्चुअल प्राब्लम, मुझे उससे कोई लेना देना नहीं है, आई अम टाकिंग अबाउट फाईल आफ घोड़े का अंडा."

अमित "मैं अभी भी समझा नहीं सर."

पटोले – "देखो अमित, घोड़े का अंडा होता है कि नहीं होता, यह तो बाद में डिसाईड होगा, वह भी ज्वाइंट मीटिंग में, आज के बाद तुम यह स्टेटमेंट मत देना वरना -- और हाँ अब घोड़े के अंडे को मंगाने के लिये फाईल तैयार करो, प्रोसेस आगे बढाओ, आज सुबह साहब तुमसे बहुत नाराज हो रहे थे. हाँ, एक बात अपनी डिक्शनरी में और नोट कर लो पूरी जिंदगी काम आयेगी, बॉस इज आलवेज राईट, इफ

बॉस इज रांग, प्लीज सी रूल नम्बर वन.

अमित – "सर इसका अर्थ क्या निकला"

पटोले हँसते हुये बोला – "यह तुम्हारी किस्मत है कि तुम्हें मुझ जैसा बॉस मिला है जो तुम्हें ऑफिशियल वर्क कल्चर के मूल मंत्र समझा रहा है वरना पूछना कि कौन सा बॉस अपने सबॉर्डिनेट को यह सब बताता है ."

अमित – " सर, बॉस इज आलवेज राईट वाला फंडा क्लीयर कीजिये."

पटोले गंभीर होते हुये बोला "देखो जब मैंने नौकरी शुरू की तो मेरे बॉस की चेयर के उपर दो लाइनें लिखी थीं. जब सामने कोई बैठता तो अनायास उन लाइनों पर नजर पड़ जाती. पहली लाईन थी बॉस इज आलवेज राईट. फिर उसके नीचे दूसरी लाईन में लिखा था, इफ बॉस इज रांग प्लीज सी रूल नम्बर वन.

अर्थ यह कि बॉस हमेशा सही होता है और अगर कभी गल्ती से लगे कि बॉस गलत है तो पहली लाईन फिर से पढ़ो अर्थात बॉस इज आलवेज राईट . बॉस हमेशा सही होता है. नतीजा यह कि जब भी हम लोगो में से कोई साहब से बहस करने जाता तो उसकी आधी प्रॉब्लम तो वह बोर्ड देख कर ही हल हो जाती.

अब अमित को कुछ समझ में आ रहा था, उसने इसे कुछ इस तरह नोट किया, "बॉस से बहस बेमानी है."

इसके बाद अमित बोला "सर यह बताईये करना क्या है."

पटोले – "गुड, दैट्स द राईट वे आफ वर्किंग, तुम टेंशन मत लो, मैं सब देख लूँगा, तुम बस नोट शीट बढाओ."

अमित ने घड़ी देखते हुये कहा – "सर, कल सुबह पहला

काम यही करूगा.”

पटोले बोला – “ अभी टाईम क्या हुआ है , घर जा कर क्या अंडा देना है , काम का टाईम तो अब शुरु हुआ है , फिर पुचकारते हुये बोला , बस दस मिनट लगेंगे तुम नोंट शीट बना कर निकल जाना , मैं साहब से आज ही अप्रूव करा लूगा कल साहब बाहर जा रहे हैं .”

अमित सिर पकड कर बैठ गया बोला , “सर आखिर लिखना क्या है .”

पटोले बुरा सा मुंह बना कर बोला “सब मैं बताऊंगा तो तुम क्या करोगे .”

अभी तक कितनी नोंट शीट बनाई हैं ?

अमित “ बनाई तो बहुत सी हैं पर यह नया केस है .”

पटोले बोला “ तुम कोई पुरानी फाईल देख कर उस से कापी कर लो .”

अमित – “ सर मैंने ट्रेस की थी पर घोड़े के अंडे का कोई भी केस पुराने रिकार्ड में नहीं मिला .”

पटोले पहली बार अमित के मुंह से घोड़े का अंडा सुन कर खुश हआ आखिर अमित घोड़े के अंडे के लिये मेंटली तैयार हो चुका था .

पटोले ने अमित की पीठ ठोकी “अमित यू आर वेरी क्रियेटिव ऐंड इंटेलिजेंट ब्वाय . यू हैव डन एक्सिलेंट जाब इन योर मैनेजमेंट प्रोजेक्ट आई हैव सीन दैट ऐंड टूली, आई अम हाईली इंप्रेस्ड बाई योर बायोडाटा .”

फिर सिगरेट सुलगाते हुये बोला “मैंने तो तुम्हार प्रोजेक्ट प्रोफाईल देख कर ही तुम्हें कंपनी के लिये फाईनल किया था. मैंने ही साहब को कहा था सर अगर अमित हमारी कंपनी

में आ गया तो कंपनी को बहुत उंचाई पर ले जायेगा ही इज सच अ जीनियस ब्वाय ."

इतना सुन कर अमित पानी पानी हो गया .

पटोले बोला अमित , लो चाय पीयो , पटोले सर के द्वरा अपने हाथ से इलेक्ट्रिक कैटल से ग्लास में पानी डालने के सींन ने अमित को चैंका दिया , "अमित यू सी , वी आर ह्यूमन बीईंग , तुम बुरा मत मानना कई बार हमें आफिस के टेंशन के चलते हार्ड होंना पडता है बट आफ्टर आल , वी टू हैव हार्ट ."

अमित पटोले सर के इस रूप को देख कर हैरान था .

इसके बाद अमित बोला - "सर आप चिंता मत ,करिये मैं अभी नोंट शींट तैयार करता हूँ ."

इतना सुनते ही पटोले मुस्कुरा कर कम्प्यूटर पर चैट में लग गया .

आखिर अमित ने आधा घंटा मगज मार कर नोंट शीट तैयार कर ही दी .

पटोले ने नोंट शीट पढी , "हूँ, अमित वेरी गुड , यू हैव डन इट .तुम्हें आईडिया कहाँ से मिला इसके ड्राफ्ट का ." पटोले ने पूछा ।

अमित बोला " कुछ नहीं सर , मैंने पिछला रिकार्ड देखा एक केस मिला चिकेन जूस प्रीक्योरमेंट का मैंने थोड़ा मैटर उस फाईल से लिया और कुछ ड्राफ्ट प्रेजेंट केस की स्टडी कर के बनाया . मैंने इंटरनेंट पर सर्च किया कुछ आईडिया उस से भी मिला."

पटोले, दैट्स गुड, "बस एक काम करो लास्ट लाईन में यह जोड़ दो कि सभी एच ओ डी इस अंडे को लाने के लिये

प्रिंसपली ऐग्रीड हैं."

अमित – "सर इसका मतलब क्या निकलेगा?"

"वह मैं बाद में बताऊंगा, जरा जल्दी करो साहब निकल जायेंगे तो काम अटक जायेगा" पटोले बोला।

अमित ने नोट शीट करेक्ट कर सामने रख दी।

पटोले "अमित जरा इधर आना"

"सर"

इस नोट शीट पर साईन तो करो.

सर "आप"

"ओह , तुम इनिशियल कर दो, मैं फारवर्ड कर दूंगा, अप्रूव तो साहब को करना है, तुम्हारे साईन से ही तो पता चलेगा कि तुम काम कर रहे हो" पटोले ने काम की बारीकी समझाई ।

और अब वही अमित, जो सुबह तक घोड़े के अंडे के न होने की बात कर रहा था, अपने साईन से घोड़े का अंडा लाने के लिये नोट शीट बढा रहा था, जिसका अर्थ था कि कोई नया मैनेजमेंट ट्रेनी अपने कांसेप्ट के द्वारा कंपनी में बड़ा बदलाव लाने का इच्छुक है. बदलाव आ गया तो सारा श्रेय ऊपर वाले ले जायेंगे और हलाल होने की नौबत आई तो सब पल्ला झाड़ लेंगे, गर्दन फंसेगी तो बेचारे अमित की .

कितनी देर लगेगी किसी को भी यह कहने में कि सर हमने तो पहले ही कहा था घोड़े का अंडा नहीं होता, पर यह अमित नहीं माना और बोला लेट्स ट्राई सर .

खैर पटोले ने नोट शीट ली और साहब के कमरे में दाखिल हो गया.

धीरे से साहब की टेबिल पर नोट शीट रख दी.

साहब लैपटॉप बैग में पैक कर रहे थे.

पटोले "सर, कल बाहर जा रहे हैं?"

"हाँ, दिल्ली में मीटिंग है"

"कब लौटेंगे?"

"बस दो दिन में आ जाऊंगा, क्यों कोई काम है क्या?"

"नहीं सर, वो घोड़े के अंडे वाली नोट शीट थी उसे ही ले कर आया था अप्रूव कर देते तो काम शुरू हो जाता" पटोले ने कहा ।

साहब – "तुमने सब देख लिया है न"

पटोले – "सर"

साहब एक नजर मारते हुये, "ठीक है मैं साईन कर देता हूँ बाकी तुम कल से ही काम शुरू कर दो" साहब ने नोट शीट पर चिड़िया बैठाते हुये कहा.

पटोले की खुशी का ठिकाना न रहा, आखिर उसे नया और चैलेंजिंग प्रोजेक्ट मिल ही गया.

"अमित नोट शीट अप्रूव हो गयी" यह कह कर पटोले ने फाईल अमित के सामने रख दी.

अमित ने उपर से नीचे तक नोट शीट को देखा, उस पर सभी बड़े लोंगो के साईन हो चुके थे, इसका मतलब था सब घोड़े का अंडा लाने के प्रोजेक्ट से सहमत थे, हाँ अब घोड़े का अंडा लाने की प्रक्रिया कल से शुरू करनी पडेगी.

इधर घोड़े का अंडा वाली नोट शीट अप्रूव होते ही सालों से धूल खा रहे पटोले के ऑफिस में नई जान आ गयी थी, चपरासी ने सुबह पटोले को लम्बा सलूट मारा, असिस्टेंट ने टेबिल करीने से लगाई और चाय वाला भी बढिया चाय बिस्किट ले कर आया. पटोले सब समझ रहे थे पर अमित

यह नया रंग ढंग देख कर हैरान था.

असिस्टेंट - अमित बाबू बधाई हो, आपके आने से ऑफिस के दिन बहुर गये .

अमित –"अरे नहीं, ऐसी तो कोई बात नहीं है."

असिस्टेंट – "अब हमसे मत छुपाईये, साहब का पी ए कह रहा था किसी बड़े काम की अप्रूवल मिली है."

अब अमित की समझ में आया कि माजरा क्या है?

"हाँ, सो तो ठीक है पर काम कैसे होगा कुछ समझ में नहीं आ रहा."

असिस्टेंट "अरे अमित बाबू हम हैं ना, बस यह बताइये करना क्या है, हाँ हमारा भी ख्याल रखियेगा" वह मुस्कुराते हुए बोला.

"वैसे फंड कितना मिला है" उसने अपनी जिज्ञासा शांत करने के लिए पूछा ।

अमित क्या बताता? यहाँ जान आफत में है और उसे फंड की पड़ी है .

"सुनो तुम ऐसा करो जरा चिकन जूस से रिलेटेड सभी डाक्यूमेंट ढूंढ कर निकालो नये काम में उस फाईल से बड़ी हेल्प मिलेगी" अमित ने कहा ।

असिस्टेंट उछला, "अरे सर, आपने तो तीर मार दिया, वह तो बहुत बड़ा काम था, जब शुरू हुआ तो हमारे ऑफिस में बहार आ गयी थी, क्या सर, आपके कदम बड़े शुभ हैं, ऑफिस में पड़ते ही लक्ष्मी चली आई."

अमित कुछ समझ नहीं पा रहा था, वह बोला , "देखो तुमसे जो कहा जाय बस वह करो, ज्यादा दिमाग मत लगाओ,"

वाकई "घोड़े का अंडा" प्रोजेक्ट के सैंक्शन होते ही उसके

ऑफिस की रौनक बढ़ गयी थी

, असिस्टेंट के आस पास अगल बगल के डिपार्टमेंट के लोग जुटने लगे थे सभी थाह लेने पर जुटे थे कि आखिर एस्टीमेंट क्या है .

कुछ जुगाड़ लगा रहे थे, ''देखो काम बढ़ेगा तो कुछ पोस्टिंग भी होगी मुझे भी अपने डिपार्टमेंट में सेट करा देना'' ननकू बड़े मनुहार से कह रहा था.

असिस्टेंट धीरे से – ''देखो, अभी से अमित बाबू को सेट कर लो, अब जो करेंगे वही करेंगे और साहब भी अमित के बिना कुछ करने वाले नहीं हैं.''

''अमित बाबू आखिर किस कास्ट के हैं'' उधर से सुखिया बोला.

असिस्टेंट – ''यह तो पता नहीं पर बातचीत से आदमी ठीक-ठाक ही लगते हैं तुम कोशिश कर के देख लेना.''

इधर पटोले का फोन थमने का नाम ही नहीं ले रहा था, बधाइयों का तांता लगा हुआ था.

उधर पटोले लोगों को लगातार जवाब दे रहा था ''भाई देखो नया प्रोजेक्ट है, बडी मेहनत करनी पडेगी.''

''अरे सर आपके लिये कौन सी बड़ी बात है, ऐसा कभी हुआ है कि आपने हाथ लगाया हो और काम पूरा न हुआ हो.''

पटोले – ''हें हें बस यह सब तुम्हारे जैसे दोस्तों की दुआओं का फल है वरना तुम तो जानते ही हो हमारे भीतर कोई गुण नहीं है, हाँ तुम्हारी भी जरूरत पड़ेगी, जब बताऊं तो ध्यान रखना.''

''क्या सर आप भी कमाल करते हैं, आपको जरूरत हो और हम काम न आयें ऐसा कभी हुआ है?'' उधर से आवाज आ

रही थी, पता नहीं इस तरह बोल कर पटोले ने न जाने कितने बड़े बड़े लोगों को सेट कर लिया था।

अब पटोले पूर्ण तन्मयता से काम में लग गया था, उसे पूर्ण विश्वास था कि वह साहब के लिये घोड़े का अंडा हासिल कर के रहेगा, यह उनकी लाईफ का कोई पहला प्रोजेक्ट थोड़े था, उसने अपनी जिंदगी में न जाने ऐसे कितने काम बड़ी सफलता से निपटाये थे। इसीलिये वह पटोले द ग्रेट के नाम से फेमस था, जिस पर बड़े-बड़े साहब लोग आंख मूंद कर भरोसा करते थे.

उसने अमित को बुलाया और बोला "देखो, अंडे का स्पेसिफिकेशन बनाओ, पी आर रेज करो और एक अर्जेंट मींटिग काल करो, हो सके तो इसके लिये किसी कंसलटेंसी का पता करो."

अमित अब कुछ-कुछ सीख गया था, उसने सहमति में सिर हिलाया. फिर भी और क्लीयर करने के लिये पूछा "सर अंडे का स्पेसिफिकेशन कैसे मिलेगा? यह प्रीक्योरमेंट का फर्स्ट केस है और हाँ सजेस्टेड वेंडर्स में किसका नाम देंगे."

पटोले "वेरी सिंपल, अप्रोक्स साईज दे दो कलर व्हाईट लिखना और शेप अंडे जैसा बना देना, रही वेंडर की बात तो ओपेन टेंडरिंग का केस बना दो."

अमित – "जी सर."

"हाँ, एक काम और करना, स्पेसिफिकेशन बना कर उसे प्रोजेक्ट लेवल पर मेल करने के साथ ही एक कापी हेड ऑफिस भेज देना, नीचे नोट लिख देना कि कोई चेंज या सजेशन हो तो विद इन फिफ़्टीन डेज सजेस्ट कर दें, क्योंकि एक बार केस फाईनल होने के बाद कोई चेंज पॉसिबिल नहीं

होगा."

इसके बाद अमित, जो अब तक फ्री घूमता था बहुत बिजी हो गया था और हर समय उसके चेहरे पर टेंशन की लकीरें नजर आने लगीं थीं, उसके दिमाग ने जैसे काम करना बिलकुल बंद कर दिया था, उसे अब हर कदम पर पटोले के सलाह और मार्ग दर्शन की आवश्यकता नजर आती थी, कुछ भी लिखते समय उसके हाथ कांपते, कहीं गलत न हो जाये, वह मेल करने से पहले ड्राफ्ट चेक कराना न भूलता.

इधर घोड़े के अंडे के लिये मीटिंग का मेल जाते ही पटोले छा गये थे. ऑफिस में हर तरफ सब अपना काम छोड़ कर घोड़े के अंडे पर डिस्कशन कर रहे थे.

सभी विभागाध्यक्ष अपने जूनियर्स को समझा रहे थे, देखो कंपनी नये कांसेप्ट "घोड़े के अंडे" पर काम कर रही है शुरू से ही इस प्रोजेक्ट में इंवाल्व रहना और हाँ, मैं दो तीन लोगों की एक टीम बना देता हूँ जो इस मामले की प्रोग्रेस और इससे जुड़े हर पहलू पर नजर रखेगी. खास तौर से तुम लोगों को पटोले की मूवमेंट का पता होना चाहिये, ध्यान नहीं दोगे तो पटोले अचानक साहब के सामनें हम सबको फंसा देगा, प्राब्लम उसकी होगी और झेलना हमें पड़ेगा. एक बात और, बिना मुझ से डिसकस किए कोई भी स्टेटमेंट मत देना और "घोड़े के अंडे" के बारे में किसी भी तरह का कोई कमिटमेंट कोई नहीं देगा.

"और तुम मिस्टर हरीश, इस मामले में अपनी टांग बिलकुल मत अड़ाना, क्योंकि अमूमन गलती तुम करते हो और भुगतना मुझे पड़ता है.

पूरा स्टाफ जो अब तक सीरियस था अचानक हंसने लगता

है और हरीश खिसिया कर रह जाता है. उसने ऑफिशियल लाईफ में अपनी मर्जी से बस एक डिसिजन लिया था जिसकी सजा वह आज तक भुगत रहा है। उसने कोई गलत काम नहीं किया था बस सारी जिम्मेदारी अपने ऊपर ले कर पूरे ऑफिस के लिये फोटोकापी मशीन मंगाई थी और साहब का कहना था तुम्हें मशीन मंगाने की क्या जरूरत थी? जिसका काम रुकता वह खुद मेहनत कर के मशीन मंगाता, अब तो तुमने अपने डिपार्टमेंट के लिये काम बढ़ा दिया है, आगे जिसे भी मशीन की जरूरत होगी हमें ही मंगा कर देनी पड़ेगी.

इधर समय तेजी से बीत रहा था और बारह बजने वाले थे, मीटिंग का टाईम हो रहा था. पटोले को कुछ ध्यान आया "अमित मीटिंग के लिये स्नैक्स बोल दिये कि नहीं?"

"नहीं सर, यह तो आपने कहा ही नहीं था." अमित बोला।

पटोले बोला "कुछ कॉमन सेंस यूज किया करो, जब लोग मीटिंग में आयेंगे तो क्या इतने बड़े सबजेक्ट पर सूखे ही डिसशन करेंगे, चलो जल्दी करो और हाँ यह स्पेशल प्रोजेक्ट है, हाई टी बोलना."

अमित – "सर, टी तो पता है हाई टी कौन सी चाय होती है."

पटोले – " अभी तुम्हें बहुत कुछ सीखना पड़ेगा, चलो आज मैं ऑर्डर कर देता हूँ, पर आगे से यह काम तुम्हारा होगा, तुम चेला राम को फोन लगाओ."

"सर, चेला राम का फोन नम्बर" अमित ने कहा।

"कमाल है अब वह भी मैं तुम्हें दूंगा, शहर के सबसे मशहूर मिठाईशॉप का फोन नम्बर नहीं रखते कैसे काम करोगे?" पटोले ने कहा।

उधर देखा तो असिस्टेंट मुस्कुरा रहा था उसने धीरे से एक

स्लिप पर नम्बर लिख कर अमित के हाथ में थमा दिया.

इस मौके पर अमित को उसकी हेल्प बडी कीमती जान पड़ी, उसने झट से फोन लगा दिया और बेल जाने लगी, उसने साहब को रिसीवर पकड़ाते हुये कहा "सर चेला राम ."

पटोले के रिसीवर थामते ही उधर से "हैलो" की आवाज आई.

पटोले "हैलो चेला राम, पटोले कालिंग."

"सर नमस्कार, बहुत दिनों बाद याद किया, कैसे हैं"

पटोले "मैं तो बढ़िया हूँ, हाँ एक इमरजेंसी आर्डर बुक कर लो, बताने में देर हो गयी और हाँ आगे से इस मामले में तुमसे अमित कांटेक्ट करेगा, ध्यान रहे यह मेरा काम है और कोई गड़बड़ नहीं होंने चाहिये, माल फ्रेश और क्वालिटी ए वन होनी चाहिए."

"सर आप चिंता न करें ऑर्डर बतायें." चेला राम ने कहा ।

पटोले – "हूँ, देखो दो पीस काजू कतली, दो पीस पनीर पकौड़ा, वैफर्स और एक आईटम तुम अपनी तरफ से जोड़ लो, हाँ, ठंडे में मैंगो जूस रहेगा. लेकिन देख लो देर नहीं होनी चाहिये."

चेला राम – "सर प्लेट कितनी लगेगी?"

पटोले सोचते हुये पंद्रह एच ओ डी हो गये, दस स्टाफ और दो चार एक्स्ट्रा, सुनों तीस कर देना दो चार कम ज्यादा हो सकती हैं.

"ठीक है सर, और कोई सेवा?"

"बस चेला राम, अभी तो यही आगे फिर बताऊंगा."

अमित की आंखें फैल गयीं, हाई टी में चाय का कही नामो निशान नहीं था.

पटोले के पास टाईम नहीं था, वह बोले "अमित कांफ्रेंस रूम में चलो, लोग मीटिंग के लिये पहुंच रहे होंगे."

फिर अमित ने घडी देखी, बारह बजने वाले थे वह मीटिंग हाल की तरफ लपका, अभी कुछ और सोचने समझने का टाईम नहीं था.

उसने नोट किया बारह बजने के साथ ही लोगों के आने का तांता शुरू हो गया था.

कुछ अमित से हाथ मिलाते, कुछ उसकी पीठ थपथपाते, अमित सभी को बस सर सर कह रहा था.

तभी किसी ने पूछा "क्या अमित, पटोले जी नहीं आये."

"आप बैठिये सर, बस अभी आ रहे हैं, कम्प्यूटर पर बैठे हैं, प्रेजेंटेशन रेडी कर रहे हैं." अमित ने कहा।

इधर आधे लोगों के हाल में बैठते ही पटोले अपनी पेन ड्राईव के साथ हाल में आ गये. उन्होंने प्रेजेंटेशन लोड किया और बड़ी खुशी से सबका अभिवादन स्वीकार करने लगे.

हाल में इन्फार्मल बातें शुरू हो चुकी थी, ऐसे ही काफी सीनियर लेकिन प्रमोशन न मिलने से दु:खी मिश्रा जी व्यंग्य से बोले "तो कब आ रहा है घोड़े का अंडा पटोले" तो हॉल में हंसी का फ़ौवारा छूट गया.

लोग तरह तरह से चुटकी ले रहे थे और पटोले हंस कर बस सिर हिला देते, कोई कहता, "क्या सर आपने एच आर और फायनांस की कंसेंट ले ली, अरे भला उनकी परमिशन के बिना कुछ हो सकता है.

तभी मेटिरियल वाला बोला – "अब छोड़ो भी संधु, एच आर और फायनांस की क्लास तो बड़े साहब ने पहले दिन ही ले ली थी.आफ्टर आल, प्रोजेक्ट पटोले के हाथ में है."

तभी आई टी ग्रुप बोला – "यार आज तक एच आर और फायनांस पर किसी ने नकेल कसी? इनकी खाल बहुत मोटी होती है ये सुन सबकी लेते हैं, पर करते अपने मन की हैं, क्यों पटोले सर मैं ठीक कह रहा हूँ."

इतना सुन कर हाल में जोर का ठहाका लगा.

तभी एक ने चुटकी ली "तुम कुछ भी कह लो पहली आफत तुम पर आने वाली है, मंगाना तो तुम्हें है, आर्डर कैसे प्लेस करोगे" यह जोक तो था मगर मैटिरियल वाले को इस जोक में मजा नहीं आया और उसने बुरासा मुंह बना लिया.

पटोले "सर आइये सब लोग आ चुके हैं."

"हाँ बस अभी पहुच रहा हूँ तुम शुरू करो." साहब बोले

पटोले ने टाई की नॉट ठीक की, अमित की आंखों में देखा, पी सी ऑन कर पावरप्वाइंट फुल स्क्रीन पर लोड कर पहली स्लाईड में वेलकम नोट के साथ ऐडी पर उचकने लगा, उसकी हरकत से साफ लग रहा था कि अब प्रतीक्षा की घड़ियां समाप्त होने वाली हैं.

इस उपक्रम में साढ़े बारह हो गये और साहब ने ऐंट्री ली, हाल में चल रही खुसर-पुसर बंद हो गयी और पिन ड्रॉप सन्नाटा छा गया.

साहब के आते ही पटोले ने अपनी बात शुरू की "गुड मार्निंग सर"

इतना सुनते ही हाल में हंसी का फव्वारा छूट गया.

पटोले "मैं जानता हूँ आप मेरे गुड मार्निंग कहने पर हंस रहे हैं, आपकी निगाह में बारह बज चुके हैं और गुड आफ्टरनून होना चाहिये था, पर मेरी निगाह में जब आप जागते हैं तभी मॉर्निंग होती है और यह हमारे जागने का वक्त है, यह मीटिंग

मैंने इसीलिये काल की है.”

इतना सुनते ही हाल में तालियां बज गयीं, एक दो स्वर सुनाई पड़े, दैट्स वाय वी काल हिम द ग्रेट पटोले बोलने में तो इस आदमी का जवाब ही नहीं है, ऐसे लाजिक देगा कि आप दिन को रात और रात को दिन मानने पर मजबूर हो जायेंगे.

तभी वेलकम एड्रेस के लिये पटोले ने सेकेंड हेड को काल कर दिया.

वे इतने बड़े प्रोजेक्ट की शुरुआत अपने हाथों से होता देख बेहद खुश हुये.

उन्होने वेलकम एड्रेस शुरू किया, “देखिये “घोड़े का अंडा” प्रोजेक्ट भले ही पटोले को दिया गया हो लेकिन यह प्रोजेक्ट पूरी कम्पनी का प्रोजेक्ट है और हम सभी को मिल कर पटोले को इस काम में पूरा सहयोग करना है. सभी डिपार्टमेंट हेड्स से अनुरोध है कि इस संदर्भ में उनसे जो इंफॉरमेशन मांगी जाये या जो भी काम इसके संबंध में उन्हें बताया जाय उसे वे टॉप प्रयोरिटि पर करें. विश यू आल द बेस्ट .”

इधर लोगों ने घड़ी पर नजर डाली एक बजने वाले थे कि तभी चेला राम का पैकेट आ गया, सबके चेहरे पर संतोष की रेखा उभरी और झपकी ले रहे लोग चैतन्य हो गये.

उधर बढ़िया स्नैक्स शुरू हुआ इधर घोड़े के अंडे पर सभी का ध्यान लग गया, अचानक लोगों को यह प्रोजेक्ट बड़ा फ्रूटफुल प्रतीत हुआ.

मौके का लाभ उठा कर पटोले ने अपनी बात शुरू कर दी.

“सर, हम लोग अगले महीने के फर्स्ट वीक में इस प्रोजेक्ट का फॉर्मल उद्घाटन कर देते हैं, आप देख लीजिये चीफ गेस्ट किसे बनायेंगे. साथ ही बैनर बनवाने होंगे, गेस्ट हाउस बुक

करना पड़ेगा और गाड़ी बुक करनी पड़ेगी, वैसे अब हमारे डिपार्टमेंट में एक स्टाफ की जरूरत और पड़ेगी, साथ ही रोज की मीटिंग और अन्य कामों के लिये एक हाई स्पीड ब्रॉड बैंड इंटरनेट कनेक्शन विथ लेटेस्ट विंडो लोडेड पी सी तो अभी चाहिये"

"पटोले, डोंट वरी, मैं आई टी को बोल देता हूँ, यह काम तो आज ही हो जायेगा" साहब ने कहा।

"और सर हमारी गाड़ी शेयरिंग में है, मुझे इंडिपेंडेंट व्हीकल भी प्रोवाईड कराइये" पटोले ने आगे जोड़ा।

इधर लोग "हाई टी" का लुत्फ ले रहे थे कि तभी मैंगो जूस आ गया.

पटोले छा चुके थे, इस बीच किसी टुच्चे से आदमी ने सवाल उठाया -"सर, आफ्टर आल हम घोड़े के अंडे का करेंगे क्या?"

इतना सुनते ही सीनियर बॉस को गुस्सा आ गया बोले – "नानसेंस क्वेश्चन ! अगर बिग बॉस ने घोड़े के अंडे को लाने की बात कही है तो जरूर इसमें कोई बड़ा उद्देश्य छिपा होगा, अगर हम सब उस लेवल पर सोच सकते तो हम भी तरक्की कर जाते, वैसे भी यह सब टॉप सीक्रेट होता है, अगर कहीं से यह लीक हो गया कि हमारी कंपनी घोड़े के अंडे से क्या बनाने जा रही है, तो हमारा प्रोडक्ट लांच होने से पहले ही कोई हमारा आईडिया मार देगा और हम से पहले वह घोड़े के अंडे का सेम प्रोजेक्ट ले आयेगा, तब हमारी क्या वैल्यू रहेगी, जरा सोचिये कंपनी को कितना लॉस होगा, कुछ तो सोचा होगा बॉस ने तभी तो किसी को नहीं पता कि घोड़े के अंडे का क्या बनेगा? ऐड नो मोर क्वेश्चन इन दिस रिगार्ड."

इतना सुनते ही पूछने वाला खिसिया गया और पटोले की बांछे खिल गईं , उसकी पहली मीटिंग जबरदस्त सफल रही. वह बोला "सर, इट्स माइ प्लेजर कि योर हाईनेस मुझ पर इतना भरोसा करते हैं."

इसके बाद जैसे ही बड़े साहब लौटे उन्होंने पटोले को बुलाया और बोल "पटोले इस घोड़े के अंडे के जिक्र के साथ ही दिल्ली में मेरा काम बन गया, ऊपर से ले कर नीचे तक सब इस प्रोजेक्ट को ले कर एक्साइटेड हैं, मीटिंग तो हो गई लेकिन यह बताओ अब घोड़े के अंडे का क्या करोगे?"

पटोले बोला - "सर, चिंता मत करिये, इस लफड़े को फैलाना और समेंटना थोड़ा मुश्किल है पर यह मेरा काम है, मैं सब निपटा दूंगा, आप बस यह कह दीजिये कि अंडा मिल जायेगा ,बस हम जल्द ही स्पेसिफिकेशन बना कर ऑर्डर प्लेस कर रहे हैं, बाकी सीजन आने पर डिलीवरी हो जायेगी, बाकी मैं देख लूंगा. अभी तो हनीमून पीरियड है बड़े लोगों से प्रोजेक्ट का उदघाटन करवाइये, बैनर, पोस्टर चिपकाइये, विज्ञापन दीजिये,कांट्रेक्ट मूव करिए, टूर बनाइये, अपनों को ओबलाइज करिए, इस प्रोजेक्ट में फंड की कमी नहीं है। बस सर, मुझ पर कृपा दृष्टि बनाये रखियेगा (अर्थात ट्रांसफर न हो यह ध्यान दीजियेगा ।)

" तुम इन सब बातों की चिंता मत करो यह सब हो जायेगा, लेकिन ध्यान रहे, इस प्रोजेक्ट में कोई गड़बड़ नहीं होनी चाहिये, यह मेरी लाइफ का ड्रीम प्रोजेक्ट है।" साहब ने इन्स्ट्रक्शन देते हुये कहा ।

पटोले बोला "सर आप टेंशन मत लीजिये, यह मेरा कोई पहला प्रोजेक्ट नहीं है, इससे पहले मैं सूरी साहब के लिये

''चिड़िया के पंख'' का सोफासेट बनवा चुका हूँ''

''रियली पटोले, यू आर असेट फार अवर आर्गनाईजेशन, तुम्हारा नाम मुझे तुली ने बताया था'' साहब ने पटोले के कंधे पे हाथ मारते हुए मुस्कुरा कर कहा.

''ओह सर, तुली साहब इज ए ग्रेट परसन, हाउ कैन आई फारगेट हिम, बहुत बढ़िया आदमी हैं , उनके साथ मैंने छ: साल काम किया और एक से एक क्रियेटिव प्रोजेक्ट्स पूरे किये'' पटोले हँसते हुये बोला ।

 इसके बाद साहब ने पूछा ''आगे क्या करना है''

''कुछ नहीं सर, मैं फ़ोरेन टूर बनाता हूँ इस ''घोड़े के अंडे'' के लिए'' पटोले हँसते हुये बोला ।

''बाई द वे इस बार कहाँ जा रहे हो'' साहब ने पूछा.

''सर, घोड़े के लिए तो सऊदी जाना पड़ेगा, वैसे जरूरत पड़ी तो फ्रांस, इटली और साईबेरिया तक हो आऊँगा। कहीं से मिले, मैं आपके लिए घोड़े का अंडा ला कर रहूँगा, जरूरत पड़ी तो अफ्रीका की जन जातियों तक चला जाऊंगा।'' पटोले बड़ी मासूमियत से बोला ।

साहब खुश हुये, ''रियली पटोले यू आर वेरी डेडिकेटेड एम्प्लोयी''

इसके बाद पटोले के टूर शुरू हो गए, वह कभी दुबई तो कभी मसकट घूमता, कभी इंडिया में रहता, कभी फ़ोरेन में, उसकी तो पांचों उँगलियाँ घी में थीं और सर कढ़ाई में चल रहा था। इधर घोड़े के अंडे को ले कर क्रेज बढ़ता जा रहा था । हर हफ्ते मीटिंग होती, बढ़िया चाय नाश्ता चलता। पटोले लगातार अपडेट देता रहता। इस बीच उसने घोड़े की करीब बीस प्रजातियाँ और सौ रंग ढूंढ निकाले थे। हर मीटिंग में इस

"घोड़े के अंडे" को ले कर कोई न कोई नया प्वाइंट सामने आता। कोई तीन महीने बाद एक प्रापर प्रेजेंटेशन हुआ, ऐसा लगा अब तो घोड़े का अंडा आया ही समझो। इस बार पटोले ने डेनमार्क से बड़ा लंबा चौड़ा प्रेजेंटेशन भेजा था। मीटिंग इस बात को ले कर थी कि मैनेजमेंट यह डिसाइड करे कि किस प्रजाति के घोड़े का अंडा चाहिए, इसके बाद यह भी बताना था कि घोड़ा किस रंग का हो, क्योंकि बाद में उस अंडे से मनचाहा परिणाम नहीं निकला तो पटोले क्या करेगा? वह कोई भी रिस्क लेने को तैयार नहीं था ।

इस संदर्भ में एक हाई लेवल कमेटी बना दी गई थी और उसे घोड़े के अंडे के बारे में सब बता दिया गया था, अंडा किस ब्रांड के घोड़े का होना चाहिए और अंडे से किस कलर का घोड़ा बाहर आना चाहिए। साथ ही कमेटी को हिदायत दी गई थी कि काम में कोई कोताही और गड़बड़ बर्दाश्त नहीं होगी, क्योंकि इस काम की मार्केट में बड़ी चर्चा है, इस प्रोजेक्ट के चलते कंपनी के शेयर लगातार ऊपर उठ रहे थे। मार्केट में इस प्रोडक्ट का क्रेज बढ़ रहा था और ऊपर से ले के नीचे तक सब इसे मॉनिटर कर रहे थे, किसी की समझ में यह बात नहीं आयी थी कि यह टॉप सीक्रेट प्रोजेक्ट लीक हुआ है या बोर्ड ने इस खबर को मीडिया को खुद ही बुला कर ब्रीफ़ कर दिया है।

अब तो हर तरफ पटोले की चर्चा थी और उसके कोलीग्स कह रहे थे, देखा इस बंदे को इस बार फिर बिना कुछ किए धरे यह प्रमोशन ले जाएगा । हर तरफ कानाफूसी होती और लोग इंतजार करते कभी तो पटोले फँसेगा। आखिर "घोड़े का अंडा" कहाँ मिलेगा जो पटोले ले कर आयेगा।

मगर कुछ थे जो कहते "अरे यार घोड़े का अंडा मिले न मिले उसकी तो मौज चल रही है। सब की आंखो का तारा बना हुआ है। तुम्हें याद नहीं है पिछली बार कैसे उसने चिड़िया के पंख का सोफा बनवाया था और उसका उद्घाटन दिल्ली से किसी डाइरेक्टर को बुला कर करा दिया था। उस सोफ़े पर एक बार उदघाटन के बाद कौन बैठा और फिर उसके बाद वह कहाँ गया आज तक किसी को पता चला? मगर पटोले तो पटोले है, डाइरेक्टर साहब ने उस सोफ़े की कितनी तारीफ की थी उस पर बैठ कर और वह उस सोफ़े के बल पर प्रमोशन ले गया था।

मामला बढ़ता जा रहा था, आखिर हर चीज की एक लिमिट होती है, पटोले के झांसे और इस "घोड़े के अंडे" की खोज में सात आठ महीने निकल गए थे, हकीकत में कुछ हो तब तो मिले, पटोले लगातार ट्रेलर दे रहा था, कभी कोई कहानी सुनता कभी कोई। अचानक एक दिन बड़े साहब का फोन आया-"कैसा चल रहा है पटोले"

"बस सर, बढिया चल रहा है"

"वैसे अभी तुम हो कहाँ और क्या उम्मीद है" साहब ने पूछा।

"अरे सर कल ही तो बताया था डेनमार्क में हूँ" पटोले ने कहा

"ओके ओके" साहब ने कहा । फिर बोले "हाँ वो सब तो ठीक है पर अंडा ले कर लौट कब रहे हो?" इस बार साहब तल्ख थे ।

पटोले बोला "सर टाईम लगेगा पर काम हो जायेगा, जैसे ही घोड़े ने अंडा दिया मैं यहाँ से चल पड़ूँगा, एक मिनट सर, मैं घोड़े को फोन देता हूँ, आप बात करिये हो सकता है आपके बात करने से वह जल्दी अंडा दे दे।"

इतना सुनते ही साहब बोले - "दिस इज हाईट, पटोले"

"सर प्लीज मैं पूरी अफर्ट कर रहा हूँ" पटोले सहमता हुआ बोला।

साहब – "तुम्हें क्या लगता है हम लोग इतने बेवकूफ हैं ?"

"सॉरी सर"

साहब - "तुम्हें क्या लगता है हम कुछ नहीं समझते ? तुम्हीं बताओ क्या घोड़े से बात की जा सकती है और मेरे कहने से घोड़ा अंडा दे देगा ?"

पटोले "आई अम रियली सॉरी सर" पटोले समझ गया कि अब बात आगे नहीं बढ़ सकती।

साहब –"बहुत हो गया डेनमार्क घूम कर जल्दी वापस आओ और भी काम हैं ऑफिस में, ध्यान से सुनो अब इस प्रोजेक्ट के चक्कर में बड़ी बदनामी होने लगी है।"

पटोले तो पटोले था वह बोला "सर प्रोजेक्ट तो आपका ही है मैं तो बस कोशिश कर रहा हूँ। "

इतना सुनते ही साहब ढीले पड़ गए, "पटोले अब इस बात का जिक्र भी मत करना।"

साहब के सुर में नरमी आते देख पटोले बोला "वैसे सर यह जगह बहुत बढ़िया है, एक बार आप भी यहाँ जरूर आइयेगा"

"हूँ, सुना तो मैंने भी है," साहब नार्मल होते हुये बोले।

"और सर आपके ऐक्स्टेंशन का क्या रहा? सुना है फाईल अप्रूवल के लिये गयी है." पटोले ने पूछा।

"बड़ी दूर तक खबर रखते हो", इस बार साहब मुस्कुराते हुये बोले। फिर जोड़ा "मेरे लिये तो घोड़े ने अंडा दे दिया" इस बार साहब हँस रहे थे।

पटोले बोला, "बधाई हो सर, मुझे पूरा भरोसा था कि ऐक्स्टेंशन जरूर मिलेगी, वैसे भी सर कंपनी में आप जितना डायनामिक और विजन वाला आदमी दूसरा नहीं है."

साहब –"पटोले, यू नो इनडिविजुअली कुछ नहीं होता, टीम काम करती है, बस नाम कैप्टेन का होता है. आई अम प्राउड आफ यू कि मुझे तुम जैसा सबॉर्डिनेट मिला है. मैं जानता था कि घोड़े का अंडा नहीं होता, पर मुझे भरोसा था कि तुम इसे जरूर हासिल कर लोगे ऐड यू हैव डन अ गुड जॉब इन दिस रिगार्ड आदमी को किसी भी काम के लिये अपनी पूरी कोशिश करनी चाहिये काम होना या न होना दूसरी बात है"

पटोले "राईट सर"

साहब –"तुम कछुवे के अंडे के बारे में तो जानते ही होगे कि कछुवा नदी के किनारे लाखों अंडे देता है जिसमें से बस कुछ सौ बच जाते हैं वे कुछ सौ अंडे ही कछुवे की प्रजाति को जिंदा रक्खे हुये हैं ऐड अ मैन शुड भी क्रियेटिव लाईक यू"

पटोले हारी हुई बाजी जीतना जानता था बोला, "सर इट्स ग्रेटनेस ऑफ योर हाईनेस कि आप मुझ पर इतना भरोसा करते हैं."

अब साहब ने पूछा –"पटोले अपना काम तो हो गया अब घोड़े के अंडे का क्या करोगे?"

पटोले मुस्कुराते हुये बोला "सर इस लफड़े को समेटना थोड़ा मुश्किल है पर आप चिंता मत करिये मैं सब निपटा दूंगा, आप बस यह कह दीजिये कि अंडा मिल गया है, ऑर्डर हो गया है डिलीवरी सीजन आने पर हो जायेगी एडवांस पेमेंट का चेक भी बनवा दीजिये बाकी मैं आ कर देख लूंगा."

"देखो कुछ गड़बड़ नहीं होनी चाहिये और हाँ जल्दी लौटो

अब यहाँ संभालना मुश्किल हो रहा है " साहब ने कहा।

"बस सर, आज ही पता करता हूँ नेक्स्ट फ्लाईट कब की है, वैसे भी फैमिली से दूर रह कर बोर हो गया हूँ." पटोले हकीकत समझा रहा था।

साहब "और कोई प्वांइट?"

पटोले–"सर प्रोजेक्ट वाइंड अप करने में एक दिक्कत आयेगी"

साहब "हूँ, वह क्या?"

"सर, अमित ने पहले ही कहा था घोड़े का अंडा नहीं होता , उसे देखना पड़ेगा, मैं उसे भी देख लूंगा" पटोले ने कहा ।

साहब बहुत स्मार्ट होते हैं उन्हें एक्सटेंशन मिल चुकी थी अब उन्हें पटोले की जरूरत नहीं थी वे बोले "वह तुम्हारे डिपार्टमेंट का इश्यू है और इतनी छोटी छोटी चीजों में मुझे मत इंवाल्व करो."

पटोले समझ चुका था कि यह "घोड़े का अंडा" अब उसके गले की हड्डी है, साहब ने अपना हाथ खींचने का मन बना लिया है।

"सर, वह तो ठीक है पर उसने शुरू में ही जेनुइन प्वांइट कहा था कि घोड़े का अंडा नहीं होता उसे इग्नोर नहीं किया जा सकता, अगर उसकी तरफ से बात कहीं आगे बढ़ गई तो मुश्किल होगी" पटोले बोला

साहब "हूँ, फिर क्या करोगे? साफ बताओ"

"सर, वो मैं देख लूंगा बस थोड़ी सी आपकी हेल्प की जरूरत पडेगी." पटोले ने कहा ।

साहब बोले "साफ बताओ करना क्या है, पहेलियाँ मत

बुझाओ ."
पटोले "सर देखिये एक तो उसे बेस्ट एम्पलायी आफ द इयर का अवार्ड दिला दीजिये और ---"
साहब "पटोले, तुम जानते हो उसने तो हमारे प्रोजेक्ट को शुरू में ही फ्लॉप करने का काम किया था और तुमने कहा भी था कि सर इस लड़के से कुछ नहीं होगा."
पटोले "सर, वो शुरु की बात थी, उसके बाद उसने पिछले पांच महीने में बड़ी मेहनत की है और हर काम में सीरियसली लगा रहा है, आगे भी फाईल उसी से क्लोज करानी पड़ेगी."
साहब "तुम भी महान हो अपना हाथ बिलकुल साफ रखते हो."
"दूसरा काम क्या करना है यह बताओ" साहब सीरियस होते हुये बोले।
पटोले "सर उसे किसी सही जगह सेट करना होगा वह ज्यादा सच बोलता है कहीं इस मामले में उसने मुंह खोला तो संभालना मुश्किल होगा"
"हूँ, वह भी कर देंगे, और कुछ?" साहब निर्लिप्त भाव से बोले, यह सब उनके लिए मामूली बातें थीं।
" बस सर, आपका आशीर्वाद है, मैं जल्दी ही लौटता हूँ सर, पर एक बात और थी." पटोले घिघियता हुआ बोला ।
"सर एक्सटेंशन की बधाई हो बस मुझे अपने साथ ही रखियेगा." पटोले ने पूरी मक्कारी से खुद को बचाने का इंतजाम करते हुए कहा।
साहब हंसते हुये बोले " पटोले, तुम्हें फारेन टूर तो मिल गया अब क्या चाहते हो किसी और को मौका न मिले."
पटोले "हें हें सर, सब आपकी मेहरबानी है"

साहब "खैर ये सब छोड़ो लौट कब रहे हो?"

पटोले "सर अब आपसे क्या छुपाना? देखिये बड़ी मुश्किल से किस्मत ने इंडिया से बाहर निकलने का मौका दिया है, सोच रहा हूँ यूरोप कवर कर के ही लौटूँ, बस दो दिन का फर्क पडेगा."

साहब "हूँ, स्विटजरलैंड जाओगे."

"सर --- प्लीज"

साहब –"ठीक है पर किसी को इसका पता नहीं चलना चाहिये"

पटोले खुश होते हुए बोला "सर, भगवान हम लोगों को साथ काम करने का लम्बा मौका दे. मैं इस बार आपके और मैडम के लिये सरप्राईज गिफ्ट ला रहा हूँ, आप देखेंगे तो विश्वास नहीं करेंगे हाँ बाबा की च्वाइस बता देते तो ठीक रहता."

साहब "मैं बोल दूंगा वह तुमसे सीधे बात कर लेगा."

"ऐड दैट्स फाईनल नाउ, आई वांट टू सी यू हीयर आफ्टर टू डेज"

पटोले – "ओके सर, टेक केयर"

और फोन कट गया.

हकीकत यह थी कि घोड़े का अंडा प्रोजेक्ट का रायता इतना फैल चुका था कि इसे समेटने के लिए ही साहब को एक्सटेंशन मिली थी। कोई भी नया अधिकारी इन साहब के रिटायर होने पर वहाँ जाने को तैयार नहीं था और सभी सोच रहे थे कि इस लफड़े में गर्दन कौन फंसाये लेना एक न देना दो, क्यों किसी और के गले की हड्डी अपने गले में लटकाई जाये, वैसे भी वक्त का क्या भरोसा कब पलटी मार जाये, सो इसे ही छ: महीने और दे दिये जाये बाद की बाद में देखेंगे।

इधर पटोले स्विटजरलैंड घूमते हुये लौट आया है और ऑफिस में बहुत सीरियस है, उसने अजीब सा मुंह बना रक्खा है और किसी की उस से कुछ पूछने की हिम्मत नहीं हो रही है.

"क्या हुआ सर टूर कैसा रहा" आखिर अमित ने पूछा.

"बस अमित, पूछो मत पंद्रह दिनों के इस फाइनल टूर में हालत खराब हो गयी, बाहर जा कर तो झेलना ही पड़ता है, न इंडियन फूड न अनवायरमेंट, बाडी क्लॉक खराब हो गयी है सो अलग, बाकी कसर लूज मोशन और फीवर ने पूरी कर दी है" पटोले ने कहा.

"सो सैड सर और वो घोड़े का अंडा" अमित ने पूछा।

पटोले बिगड़ते हुये बोला "क्या अमित, यहाँ इस अंडे के चक्कर में मेरी जान जाते जाते बची है और तुम हो कि मुझ से सवाल पूछ रहे हो"

"आई एम सॉरी सर" अमित ने कहा।

इसके बाद ऑफिस में किसी की कुछ पूछने की हिम्मत नहीं हुई, बात फैल गयी कि टूर में पटोले साहब की तबियत खराब हो गयी है, घोड़े के अंडे के चक्कर में पटोले की जान जाते जाते बची है वह किसी तरह बच कर वापस लौटे हैं, कमजोर दिल वालों ने तो यहाँ तक कह दिया "यार इसीलिये मैंने पासपोर्ट नहीं बनवाया क्या पता कल को बॉस फोरेन जाने को कह दे तो मना तो कर सकते हैं. बॉस का क्या पता अफ्रीका के जंगलों से शेर पकड़ने को कह दे . हा हा -- ."

उधर फाइनल फारेन विजिट का आऊट कम जानने के लिये साहब ने पटोले को अपने केबिन में बिठा रक्खा है बाहर लाल बत्ती जल रही है, कोई भीतर नहीं जा सकता सीक्रेट

मीटिंग चल रही है.

साहब – "कैसे समेटोगे, पटोले?"

पटोले – "सर, अब आप इस बारे में किसी से बात मत करियेगा"

साहब – "हूँ"

पटोले "आगे मैं देख लूंगा"

साहब "ऐसे नहीं चलेगा, तुम लाईन ऑफ एक्शन बताओ"

पटोले "सर हम डेनमार्क की फर्म से ऑफर ले कर ऑर्डर प्लेस करेंगे और उसे छः महीने डिलीवरी का टाईम भी देंगे"

"फिर" साहब की आँखें फैल गईं।

"सर, छ : महींने बहुत होता है तब तक कोई नया प्रोजेक्ट आ जायेगा" पटोले ने कहा।

"पटोले, यह आधी बात हुई, अभी इस बात से प्रोजेक्ट वाईडअप नहीं हुआ, मुझे समझाओ ट्रेलर मत दो" साहब ने कहा।

"सर देखिये, इसके दो तीन तरीके हैं, बेस्ट तो यह है कि ऑर्डर लेने के बाद कंपनी सप्लाई न दे और हम लेटर दे कर उसे डिफाल्टर डिक्लेयर कर दें. दूसरा यह कि कम्पनी कंसाइंमेंट भेजे और अंडा डिलीवरी में टूट जाये. सेंपल फाइनल ही न हो, एक ऑप्शन यह भी है कि फिर एक टीम फारेन विजिट करे और इस प्रोजेक्ट को टाईम के साथ सूटेबिल न मान कर इसे स्क्रैप डिक्लेयर कर फाइल ठंडे बस्ते में डाल दे "न रहेगा बांस न बजेगी बांसुरी" साफ बात है सर हर प्रोजेक्ट की एक लाइफ होती है और अब इस प्रोजेक्ट की लाइफ पूरी हो गई है, हजारों इनकप्लीट प्रोजेक्ट रोज बंद होते हैं, कौन पूछता है? इन सब कामों में छः महीने से ज्यादा लग जायेंगे तब तक

आपका एक्सटेंशन पीरियड भी पूरा हो जायेगा और जो नया बॉस आयेगा वह इस कंट्रोवर्शीयल फाईल को हाथ भी नहीं लगायेगा" पटोले ने बड़ी ही स्मार्टली कहा।

"और कहीं बाद में जांच हुई तो" साहब ने पूछा।

पटोले "सर आप फालतू टेंशन मत लिया करिये, अपने पास पूरे पेपर हैं. सभी सेमीनार की स्पीच वीडियो क्लिपिंग बड़े लोगों की फोटो सब रिकार्ड में लगी है. यह कोई इंडिविजुअल प्रोजेक्ट थोड़ी था, टीम वर्क था, कोशिश की गयी घोड़े का अंडा नहीं आ पाया, आ जाता तो हमारी कंपनी की ब्रांड वैल्यू बढ़ जाती ऐसे क्रियेटिव कामों में सफलता की गारंटी नहीं होती है. तभी तो कह रहा हूँ कि, टीम के साथ फारेन विजिट कर प्रोजेक्ट रिजेक्ट करा दीजिये या किसी कंसलटेंट से ऐडवाईज दिला कर प्रोजेक्ट बंद करा दीजिये. पटोले ने बड़े कॉन्फ़िडेंस के साथ कहा।

" ठीक है पटोले, अब इस केस में तुम क्या करोगे ये बताओ?" साहब ने पूछा.

"सर कंसलटेंट अरेंज करने से ले कर पार्टी के ऑफर दिलवाने और सेंपल रिजेक्ट कराने तक आप जो कहें सब कर दूँगा" पटोले किसी एक्सपर्ट की तरह बोला।

"मैं वह नहीं पूछ रहा हूँ, फाईल बंद करने के लिये क्या करोगे पटोले?" साहब ने पूछा।

"सर यह फाईल बंद करने के रास्ते ही तो हैं" पटोले ने कहा

"क्या पटोले, तुम इसे अपने लेवल पर बंद नहीं कर सकते" साहब बोले।

"सर डेलिगेशन ऑफ पॉवर के हिसाब से इस पर आपके ही साईन होने हैं" पटोले ने साहब के ज्ञान चक्षु खोले।

"और नोट शीट अमित मूव करेगा" साहब बोले ।

"सो तो है सर, यह काम वर्किंग लेवेल का ही है." पटोले ने कहा।

"फिर तो तुम साफ बच गये, तुमने इस प्रोजेक्ट में क्या किया?" साहब का माथा घूम गया।

"अरे सर, आप ऐसा मत कहिये, सब कुछ मैंने ही मैनेज किया है" पटोले पर मक्कारी सवार थी।

"दैट्स गुड पटोले, फंसने के लिये कोई और है और फारेन विजिट से ले कर फाईव स्टार पार्टी में एज्वाय करने के लिये तुम हो" साहब बोले ।

"सर क्या करें, आप तो जानते हैं अपना काम और पोस्ट ही ऐसी है कि सब करना पड़ता है." इस बार पटोले ने निरीहता अख्तियार की और बोला " देखिये सर, घोड़े के अंडे के लिये आपने ही कहा था और इस काम के चलते आपको एक्सटेंशन भी मिल गयी है, इस बीच पूरे छ: महीने ऑफिस का माहौल चका- चक रहा, सभी हाईलाईटेड रहे और अपनी कंपनी को इस मामले के चलते कवरेज भी खूब मिली.

"हाँ वह तो है" साहब ने कहा

पटोले "सर एक बात पूछूं?"

साहब "यह सीक्रेट मीटिंग है कुछ भी पूछो? यहाँ हमारे और तुम्हारे सिवा कोई नहीं है"

"यह घोड़े के अंडे का फंडा क्या है?" पटोले ने अपनी जिज्ञासा को शांत करने के लिए पूछा।

साहब "कुछ नहीं यार, मैं अपने रिटायरमेंट को ले कर परेशान था कि तभी एक पुराने बॉस ने सिद्ध तांत्रिक का नम्बर दिया और उससे मिलने को बोला. यह उसी का बताया हुआ

टोटका था. उसने कहा था कि अगर तुम अपनी कुर्सी के नीचे "घोड़े का अंडा" रख कर बैठो तो तुम्हें दुनिया की कोई भी ताकत इस कुर्सी से नहीं हटा पायेगी."

"फिर आपने पूछा नहीं घोड़े का अंडा मिलेगा कहाँ?" पटोले की आँखें आश्चर्य से फैल गईं।

"तुम ठीक कह रहे हो पटोले, मैंने भी उस से यही कहा था स्वामीं जी यह घोड़े का अंडा कहाँ मिलेगा और तब उसने कहा था, देखो बेटा, यह अंडा ढूंढना तुम्हारा काम है, मैंने तंत्र के हिसाब से तुम्हें उपाय बता दिया है" साहब बोले।

फिर बोले "सचमुच उस तांत्रिक का बताया उपाय **"हमारे तंत्र"** के लिये फिट बैठता है, जिस दिन से मैंने घोड़े के अंडे की खोज शुरू की, मेरी तरक्की होती गयी, एक्सटेंशन मिला वह अलग. मैं तो सोच रहा हूँ उसकी खोज प्रारंभ करने मात्र से छः महीने के लिये कुर्सी और मिल गयी तो कहीं सचमुच घोड़े का अंडा कुर्सी के नीचे रख कर बैठ जाउं तो वाकई मुझे यहाँ से कोई नहीं हटा पायेगा.

फाइनल सीन यह है कि पटोले साहब के लिए स्विट्जरलैंड से "लॉन्ग लाइफ स्टैचू", मैडम के लिए दुबई से इंपोर्टेड वशीकरण मंत्र का ताबीज और उनके बेटे के लिए गुडलक बुद्धा लाया है जो उसने साहब की टेबिल पर रख दिये हैं।

साहब ने सभी समान बड़े गौर से देखा है और उसे बहुत सराहा है।

हाँ साफ है कि बड़े साहब को एक्सटेंशन मिल गया है, अमित को बेस्ट एम्प्लाई ऑफ द ईयर का अवार्ड। पटोले को प्रमोशन मिल गई है और वह वर्ल्ड टूर पूरा कर साइलेंट मोड में चला गया है।

ऑफिस के गलियारे में इस प्रोजेक्ट पर मनहूस होने का ठप्पा लग चुका है यह इतना मनहूस प्रोजेक्ट था कि जिसे पूरा करने में पटोले की जान पर बन आयी थी और अब वह घर बैठ कर स्वास्थ्य लाभ कर रहा है, खबर तो यहाँ तक फैली है कि जो भी इस बारे में बात करता है उसका कुछ न कुछ अहित हो जाता है इसलिए अब इस विषय में कोई बात करना पसंद नहीं करता है।

इस तरह घोड़े के अंडे की फाईल अपना उद्देश्य पूर्ण कर ठंडे बस्ते में चली गई है। इस देश में लाखों प्रोजेक्ट ठंडे बस्ते में चले जाते हैं, कुछ समय बाद उनके बारे में किसे याद रहता है। धीरे धीरे एक दिन लोग इस प्रोजेक्ट को भी भूल जाएंगे समय के साथ पटोले बड़ा साहब बन जाएगा और पटोले से ऑफिस के गुर सीख कर अमित पटोले का डुप्लीकेट।